我们·PEOPLE

本书编辑部 主编

A Day in the Life of China

2011.3.25 民间记忆

全国百佳出版社
中央编译出版社
Central Compilation & Translation Press

图书在版编目（CIP）数据

我们 People ：2011.3.25 民间记忆 / 本书编辑部主编．—
北京 ：中央编译出版社，2011.8
ISBN 978-7-5117-0949-3

Ⅰ．①我… Ⅱ．①本… Ⅲ．①摄影集－中国－现代
Ⅳ．① J421

中国版本图书馆 CIP 数据核字 (2011) 第 145598 号

我们·People ：2011.3.25 民间记忆

出 版 人 和 龑
责任编辑 王丽芳
责任印制 尹 珺
出版发行 中央编译出版社
地　　址 北京西单西斜街 36 号（100032）
电　　话 （010）66509360（总编室）　（010）66509246（编辑室）
（010）66161011（团购部）　（010）66130345（网络销售）
（010）66509364（发行部）　（010）66509618（读者服务部）
网　　址 www.cctpbook.com
经　　销 全国新华书店
印　　刷 北京彩虹伟业印刷有限公司
开　　本 787 毫米 ×1092 毫米　1/16
印　　张 17 印张
版　　次 2011 年 8 月第 1 版第 1 次印刷
定　　价 68.00 元

本社常年法律顾问：北京大成律师事务所首席顾问律师　鲁哈达
凡有印装质量问题，本社负责调换。电话：(010) 66509618

● 序

2011 年 3 月 25 日，在中国的大地上，北起黑龙江，南到广东，西自新疆，东至上海，300 多位摄影人数十万次按下了自己手中相机的快门……

这不是一次行为艺术，他们是在纪录，纪录当今普通中国人的生存状态；他们是在书写，真实地记下这一天的历史。

他们的辛苦和快乐，就凝结成了现在你手上的这本书。

为什么是 3 月 25 日？

几乎每个人都会这样问。

答案是：就因为这是个极其普通的日子。

我们相信，一张光绪三十三年（1907 年）北京街头百姓剃发的照片，比 N 张慈禧、光绪的画像和照片都更能反映当时的社会和百姓的生活，比任何文字描述都更能给我们留下深刻的记忆。所以，只有普通人的普通生活，平凡者的生存体察，才能更真实、客观地反映一个时代；只有普通人的感受，才能经得起历史的检验，留存在民族的记忆里。

这本书反映的，就是普通中国人在普通一天的普通事，而且，它们是由普通人记录下来的，是民间的记忆。

我们力求但并不奢望能对当今社会做出一个完全准确、全面、真实的描述。毕竟，同样的事在不同人眼中，可能会有不同的解读，引起不同的感受。

我们唯一能保证的是，这本书呈现的是真实的民间记忆。

我们最大的愿望是，即便在若干年后，人们还能拿着这本书，说：“看，那个时候是这样的。”

编者

2011年5月

00:20 ● 北京，首都机场 T3 航站楼。凌晨的机场依然灯火通明，一派繁忙。

王晓春 图/文

00:16 ● 北京。女友是位企业高管，昨夜加班到23点才疲惫地回到家。她到家的时候，我早已熟睡。我是个摄影师，凌晨起床准备去拍摄。打开灯的时候，刚刚睡着的女友被灯光惊醒，她就把脸蒙起来缩成了一团。

郭小天 图/文

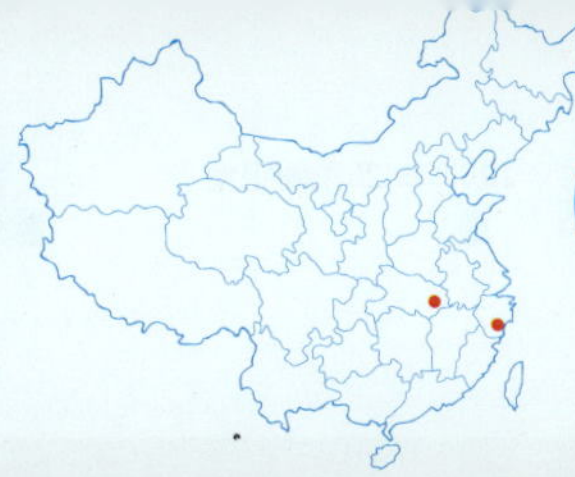

● 武汉市硚口区汉西二路。环卫工人和晨练老人，他们永远是这座城市里起得最早的人之一。

李 圣 图/文

↑● 浙江省温州市西山路。四点半了，夜生活还没有结束，位于西山路的大排档包厢内还传出阵阵划拳声。

孙新尖 图/文

→● 浙江省温州市飞霞桥路。热闹了一夜的餐饮排档正准备收摊。

孙新尖 图/文

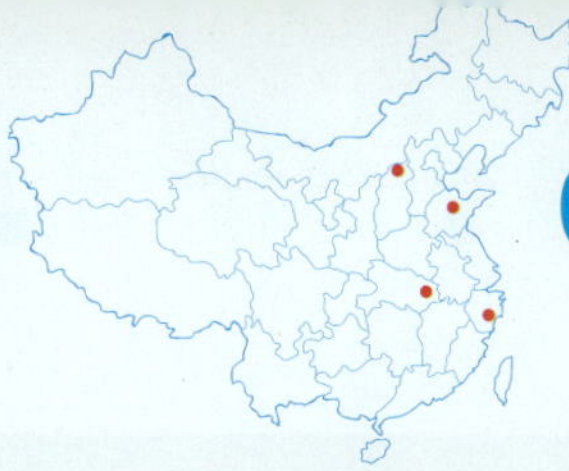

←● 武汉市硚口区武胜路。一位早起送煤的老人。

李 圣 图/文

↓● 浙江省温州市飞霞北路。凌晨五点多，天就要亮了。来自安徽阜阳的孔师傅打扫好自己负责的这一地段的卫生，准备去下个点帮同乡一起清扫。

孙新尖 图/文

山西省太原市旧晋祠路长风街路口。贩卖蔬菜的小贩，要早早起来赶到批发市场接菜，然后，通过三轮车、小卡车、面包车等各种工具运送到早市上。

齐志刚 图/文

浙江省温州市府前街。忙碌了一夜的三轮车夫，在等活儿的时候睡着了。

孙新尖 图/文

山东省淄博市周村区，309国道周村段。劳务市场中大部分的民工已经接受派遣，离家外出打工。这是来晚的几个民工，在春寒料峭的清晨和小市场的负责人谈论活路。

王 锋 图/文

↑● 山东省淄博市周村区。萌水镇中学的学生们，在骑车上学的路上。

王 锋 图/文

↗● 武汉。1 号线轻轨的首班车上，一名早起上学的孩子正疲倦地靠在座位上。

李 圣 图/文

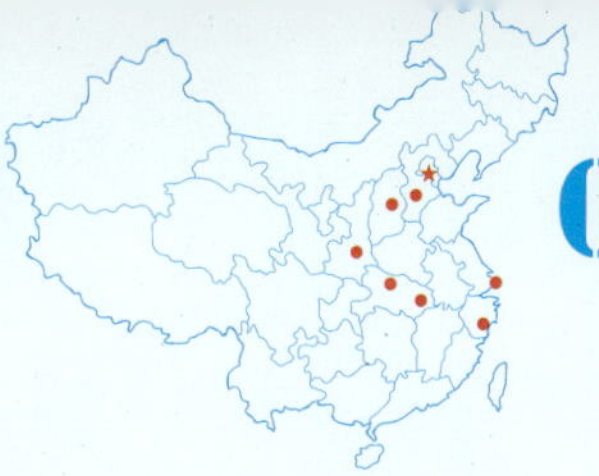

浙江省温州市华盖广场。上学时间到了，同学们陆续来到学校。在学校附近的广场上，两个学生在互对作业。

孙新尖 图/文

● 上海外滩。一个路人在看一个外国男孩用相机拍摄浦东的晨曦。这些照片或者DV，或许将很快上传到facebook或者Ytube，使全球的人能够及时了解中国真实的现状。

张晓晖 图/文

SONY

山西省太原市阳曲县青龙村，老张的豆腐坊。这一天老张起得比平时要晚，因为春节后买豆腐的人少了，所以他就相对轻松一些。做豆腐的工序繁多，一锅豆腐从磨豆开始，大概需要两个小时才能做好。老张就这样年复一年地过着自己豆腐坊的生活。

杨晓勇 图/文

←● 河北省石家庄市裕华西路，《河北法制报》报社门口。刘姐，52岁，河北沧州人。家里有三口人，女儿大学毕业，已经成家。刘姐的爱人也在不远处的另一个街口卖煎饼。刘姐在这个路边已经干了七八年，顾客们都交口称赞她的煎饼好吃又不贵。为了这个小摊，刘姐两口子每天早晨四点就起床，和面、生火，准备东西，夏天五点多、冬天六点多就到路口了。虽然辛苦，可刘姐脸上一直都有笑容，这笑容是女儿给她的。因为无论生活多么艰辛，女儿总算是靠着这个小小的煎饼摊读完了大学；这一点是最让刘姐欣慰的。看到我给她拍照，刘姐的笑容中有了一些不自然，但转身做起煎饼来又充满了自信

王巍 图/文

←● 陕西省咸阳市中华小区东门。卖甑糕的王师傅每天早上3点起床蒸糕，6点钟开始摆摊叫卖。

张少峰 图/文

←● 湖北省襄阳市樊城区星火路地税局家属院旁。一对外地夫妇在此卖早点，主要经营油条、小笼包和稀饭，生意还过得去。

李华伟 图/文

武汉市硚口区古田四路。几位农民工利用开工前的空闲时间吃早点。

李 圣 图/文

陕西省咸阳市玉泉西路。秦都区吴家堡街道办事处苏家寨村村民张汉荣老人，除了耕种几亩责任田以外，主要靠养羊维持生活。每天早上五点多，他都会牵着自家的十几只羊，到城里现挤现卖新鲜羊奶。这种羊奶不掺假，深受城里人的欢迎。由于怕城管人员阻止，只能每天早上早早地来卖羊奶。

王保卫 图/文

↑ 上海，外白渡桥上晨跑的老者。外白渡桥建于光绪三十三年（1907 年），是一座全钢结构的桥梁，曾经是上海市区连接沪东的重要通道。2007 年底，上海市政工程管理局收到一封英国的来信。信中说，外白渡桥的“桥梁设计使用年限为 100 年，现在已到期。” 2008 年 4 月 6 日，外白渡桥整体移到上海船厂维修，并于 2009 年 2 月 25 日，在历时 10 个月的搬移检修之后，以焕然一新的身姿，重新横跨在苏州河河口。而今，外白渡桥的清晨已经极少有车辆往来，反而成为晨跑者的必经之路。

张晓晖 图/文

↗ 浙江省温州市华盖广场。天亮了，市民们陆续走出家门。有锻炼身体的，有遛狗散步的。

孙新尖 图/文

→ 北京，天安门广场。一位女士想和这位佛教人士拍照留念，后者显得有点不好意思。

李 晶 图/文

浙江省缙云县。春天来了，草绿了。清晨，女人在河边放牛，男人牵牛去耕田。

孙新庆 图/文

↑ 河南省郑州市二七区黄冈寺村。旧城改造在中国的城市中如火如荼地进行着，黄冈寺村半个月前被夷为平地，唯一留下的是远处那个小小的寺庙。

张世平 图/文

→ 内蒙古自治区包头市达尔罕茂明安联合旗百灵庙镇广福广场旁。这个乞讨者为了取暖，站到了清晨的第一缕阳光中。隔街相望，对面是忙着上班和晨练的人们。

王文铎 图/文

→ 山西省太原市菜园街。远处一个身披红棉被的流浪汉。昨夜，在寒冷的春风里，他又一次躲在冰冷的角落里过了一夜。清晨，他和匆匆上班的人们一起迎着朝阳，走向各自的目的地……

王喜飞 图/文

北京西城区西直门外大街，北京展览馆附近。一大早，这位男子在马路上骑一辆车带一辆车，耍起了“杂技”，不禁让路人看了为他担心。

赵海江 图/文

浙江省温州市康乐坊路。上工的路上。

孙新尖 图/文

↑ 上海，外滩后面的汉口路上。助动车上放满了年糕。一个转弯，年糕洒了一地，骑车的人便飞快地下车去捡。几分钟后就捡得一块不剩了，简直像电影中的快镜头。

张晓晖 图/文

↖ 浙江省温州市康乐坊路。清晨七点半，城市的道路上就热闹起来了，人们开着大车小车一起拥上马路，走在上班的征途中。春天的早晨天气微冷，这位骑车的大姐戴着手套和围巾，防护严密。

董秀丽 图/文

● 湖南省长沙市开福区，湘江世纪城 9 路公交车终点站。来自安徽的早点师傅正在四处张望有没有城管人员过来。他一般会在上班族出门之前摆上摊。一个饼一块钱，一个早上大概有 50 元的毛收入。

王 建 图/文

● 湖北省襄阳市樊城区星火路。一家面馆门前，一位卖豆芽的老板为面馆送豆芽。这儿的人早上喜欢吃碱面。面汤用牛骨熬制，做好的碱面会放上绿豆芽。所以，各个面馆对豆芽需求比较大。

李华伟 图/文

武汉市江夏区纸坊街宁安巷。这个老大爷每天都在路边摆菜摊，靠卖菜为生。

龙 庆 图/文

浙江省温州市城南立交桥下。林爱玉，44 岁，浙江省泰顺县人，丈夫在温州市岙阳村种田，儿子和女儿还在念书。为了生活，她和丈夫起早摸黑，省吃俭用，每天早上 5 点钟开始摆摊，一直到晚上 7 点才收摊回家，月收入 2000 多元。

林春华 图/文

→ 浙江省温州市河西桥。清晨，一位女士出门遛狗。

孙新尖 图/文

← 北京地铁 13 号线与昌平线的换乘站，西二旗站。这天是周五，工作日的最后一天。上班族们像往常一样早起挤地铁上班。为了生活，为了不迟到，再挤的地铁也要坐。汹涌的人流，使得北京地铁的拥挤程度全国闻名。

孙凯敏 图/文

磷肥

山东省东营市东二路。一群民工聚集在一个简单的劳务市场旁。图中白色面包车里的一个市场负责人，对农民工们态度暴躁。

陈 鹏 图/文

↑ 浙江省临海市尤溪镇。江南大峡谷里一家做酒的作坊开始了一天的工作。

徐海斌 图/文

→ 福建省漳州市芗城区明清古街。在这条老街里，住着许多老人。图为一位老人坐在家门口，编制羽毛球拍。

许全坤 图/文

江西省南昌市赣江码头。几十条木船并排停靠在岸边，随风轻轻摇摆。一对母女正在船板上匆忙地刷牙、洗脸。洗漱完毕，妈妈会送女儿去幼儿园。如今环境的变化，促使渔民们的生活方式发生变化，他们开始过起“水陆两栖”的生活。

李 劲 图/文

浙江省台州市黄岩区北洋镇潮济村。一家三口正在村口的早餐铺吃早餐，吃完饭，父母送孩子去上学。

徐海斌 图/文

↑ 安徽省滁州市滁州学院图书馆门前。学生们每天早上必须晨跑。图中同学们在给晨跑卡盖章，以表明这天参加了晨跑。

李玖霖 图/文

↓ 陕西西安，陕西国际商贸学院校园内。该校国际学院的学生每天早上都要进行早读，练习口语。这是本科生李艳朝、何龙飞等在早读。

王保卫 图/文

山西省太原市小南关街力通写字楼。图中为某公司白领牛永卿。她是太原人，2000年参加工作。因为昨晚加班到深夜，所以就住在办公室了。这是她早上起来洗漱完毕，开始化妆。

梁海滨 图/文

↑ 甘肃省兰州市中山桥头。一位母亲骑自行车送女儿上学。

张成东 图/文

→ 甘肃省兰州市木塔巷。过马路去上学的双胞胎姊妹。

张成东 图/文

豆花饭庄

→● 甘肃省兰州市中山路中段。一位邮局员工正在搬运从邮政车上卸下来的包裹。

张成东 图/文

↘● 北京大兴区黄村兴丰南大街商场南巷口。因为地处大兴的闹市区，商场南巷口平时会停着一些“黑车”和这种人力车。图中是人力车夫在忙中偷闲看杂志。

马晓东 图/文

→● 广州市天河区员村。这里原本是一小片一两层的房屋，最近全拆了。在原来的城中村里，如果户主拥有一块地并建有一栋四五层的楼房，基本上就可以靠收取租金而衣食无忧了。即便拆迁改建，也会得到相应的补贴。而租户们只得另寻他处。

城中村居住着很大一部分的外来务工人员，城中村被拆后，他们只能向附近尚未拆迁的其他城中村，或者更远的市郊转移。

陈创锋 图/文

浙江省温州市华盖广场，红日亭施粥摊。这是一个由高龄老人发起和组成的慈善“组织”。发起人朱永麟（83岁）和叶宝春（81岁）同是食品厂的退休工人，张明生（73岁）是无线电厂的退休工人。目前有义务服务的老人23个，年龄最小的60岁。

“红日亭”是中心城区旧城改造之前一个建筑面积大概30多平方米的亭子。先前是一个施茶点，已经有40多年的历史。在温州，每个凉亭或者热闹点的地方，三伏天都有老人们自发地煮茶供应路人。据朱永麟介绍，2006年8月，他和张明生、叶宝春聊天时，商量能不能为那些在街上拣废品或者讨饭的人，提供正常干净的饭菜。

随后，老人们自掏腰包把施粥摊办了起来。他们的善举得到了好心人的响应，周围社区的一些邻居不断为他们送来米和钱，甚至很多路人在明白老人们的善举之后，也会给一些捐款，还有一些人会定期送来钱。红日亭施粥摊的喝粥人也由当初的几十人，发展成了今天近600人的规模。这个粥摊的费用，一年在10万元左右。刚开始，红日亭施粥摊曾被质疑“影响市容”，摊子上的雨棚也面临被拆。渐渐地，一些媒体进行了报道，摆摊施粥似乎“名正言顺”了。

孙新尖 图/文

新疆鄯善县2号小区南街面。苏燕在此开了一家牛肉面馆。牛肉面是西北人喜欢的面食，一般都在早上吃。每天的早点，除了牛肉面外，还有包子和稀饭。图中是在为蒸包子生火。

吴建国 图/文

新疆鄯善县城步行街烤馕店。怒尔·白克力师傅正把烤好的馕从馕坑里勾出。馕是维吾尔族人最喜欢吃的食物，馕里面加有盐、油、芝麻等。一张馕加上一杯开水，就可以当一顿饭。有些人在外出旅行时，都会背一袋子馕。

吴建国 图/文

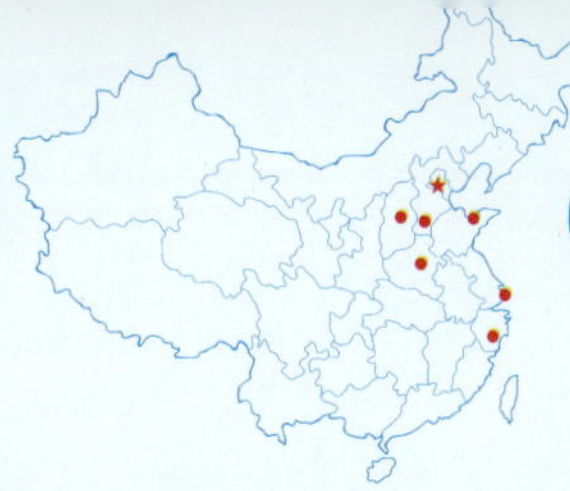

08:00

河南省开封市明伦街，河南大学东门古城墙下。这是两名老年戏曲社的成员，每天早晨他们都会来城墙下练习，一人拉弦、一人唱。

张海坡 图/文

浙江省温州市五马街。进城务工人员拿着木工工具出工了。

董秀丽 图/文

A7263

← 北京海淀区西三环航天桥东，由西向东方向。正值上班早高峰，周五和其他工作日一样拥堵。

宋 晨 图/文

→ 北京市丰台区南四环黄土岗特9路车站，等公交车的人们。

白婧丽 图/文

→ 北京海淀区西三环航天桥东，报刊亭附近鸡蛋灌饼摊。每天早上，都能看到这对夫妻的身影。他们站在摊位旁，一边等待顾客，一边观察城管人员有没有来。

宋 晨 图/文

上海，人民广场地铁站，1、2、8号线交汇处。地铁里人潮汹涌，人们默契地以同样的速度快速往一个方向移动，丝毫不乱。

张晓晖 图/文

↑● 上海，人民广场地铁站。在 1 号线转 2 号线的主要通道旁，一个捡废品的人蜷缩在这个角落，身旁各色 logo 的袋子里装满大大小小的饮料杯和塑料瓶。他的身后是早晨汹涌的人流。

张晓晖 图/文

→● 浙江省温州市五马街。奶奶送孙子上幼儿园的路上。

董秀丽 图/文

↑ 北京朝阳区光华路阳光 100 小区的街道转角处。早点铺的窗口贴着因物价上涨，调整价格的通知。大部分上班族的早餐，都是在路边解决，要么在店里吃，要么带走路上吃，或到公司、单位后再吃。

朱新凯 图/文

↗ 河北省隆尧县尹村镇屯里小学，张老师正在给学生们上第一节课。屯里小学的教室竣工于 1985 年。图中这个班虽然学生不多，但成绩很好，最近一次的考试成绩在学区二年级排名第二。

张老师的家离学校有 15 公里，她每天早上 6:00 左右起床，7:20 在街口等学校接送的包车来接。下午 5:30 放学后，张老师到村口等包车接自己回家。

许耘峰 图/文

→ 山东省莱州市沙河中学初一五班教室。苑老师正在组织孩子们学习陈之藩的《失根的兰花》。这是“小组合作学习”的课堂模式。

杜钦国 图/文

好好学习
天天向上

阅报栏

→ 广州地铁五号线。挤地铁上班的市民。

刘晓明 图/文

← 浙江省温州市公园路。市民们在报栏前阅读当天的报纸。

周秋莲 图/文

← 江苏省南京市午朝门公园。市民合唱团在练习唱歌。许多上了年纪的老人喜欢通过唱歌来锻炼身体，陶冶情操。他们会自发组成大大小小的合唱团，闲暇时间一起到公园排练。

刘建华 图/文

→ 浙江省温州市环城东路。一名男子送女儿上幼儿园，父女俩很开心。

周秋莲 图/文

浙江省缙云县。一个老农挑着农家肥去地里上肥，路遇娱乐城的街头广告小姐。

孙新庆 图/文

浙江省缙云县。一辆摩托车载着五个人走在村道上，引起了路边奶奶的担心。

孙新庆 图/文

↖ 陕西省西安铁路局安康机务段。该段负责西康线（西安至安康）、阳安线（阳平关至安康）、襄渝线（襄樊至重庆）中段的铁路运输任务，是南北交通大动脉的主要枢纽。电力机车质量是保证运输任务能够完成的重要环节，必须万无一失。该图是技术人员在机车出库前认真检查机车制动系统。

王金宏 图/文

↑ 陕西西安，陕西国际商贸学院珠宝学院实验室。图为大二学生冯晓卫展示自己手工制作的首饰项链。

王保卫 图/文

← 山东省东营市草20－平110井井场。这是中国第二大油田胜利油田最关键的环节——钻井生产现场。图中主人公叫李贵华，胜利油田连续两年的劳动模范，30550队的队长。他的工作主要包括：和技术人员一起检查分析打钻完的钻头，分析固井曲线，分析砂样，检查井控装置，上传钻井资料，监测仪器。这是他正在分析砂样。

陈 鹏 图/文

←● 武汉市江夏农贸市场。我看到这个老奶奶后，上前礼貌地询问是否可以为她拍照。一听拍照，本来席地而坐的老奶奶迅速站起身，整理衣服，拍打灰尘，还用手缕缕额前的银丝。我赶忙摆手示意不用，可老奶奶还是保持动作，并对着镜头微笑。我无奈地按动快门，道谢，离开。后来，在公交车上竟然又遇到了老奶奶，她居然要给我让座……

常 骏 图/文

↓● 河北省涿州市小岗头村。图中主人公叫王玉涛，49 岁，高中毕业就跟着大哥学医，行医已有 25 年。他医术高，收费低，人们敬称他为“牙医王”。我走进诊室，看到满屋子的患者，而他一直在不停地忙活。我不忍心打扰他，悄悄为他拍下了这张照片。

刘永兴 图/文

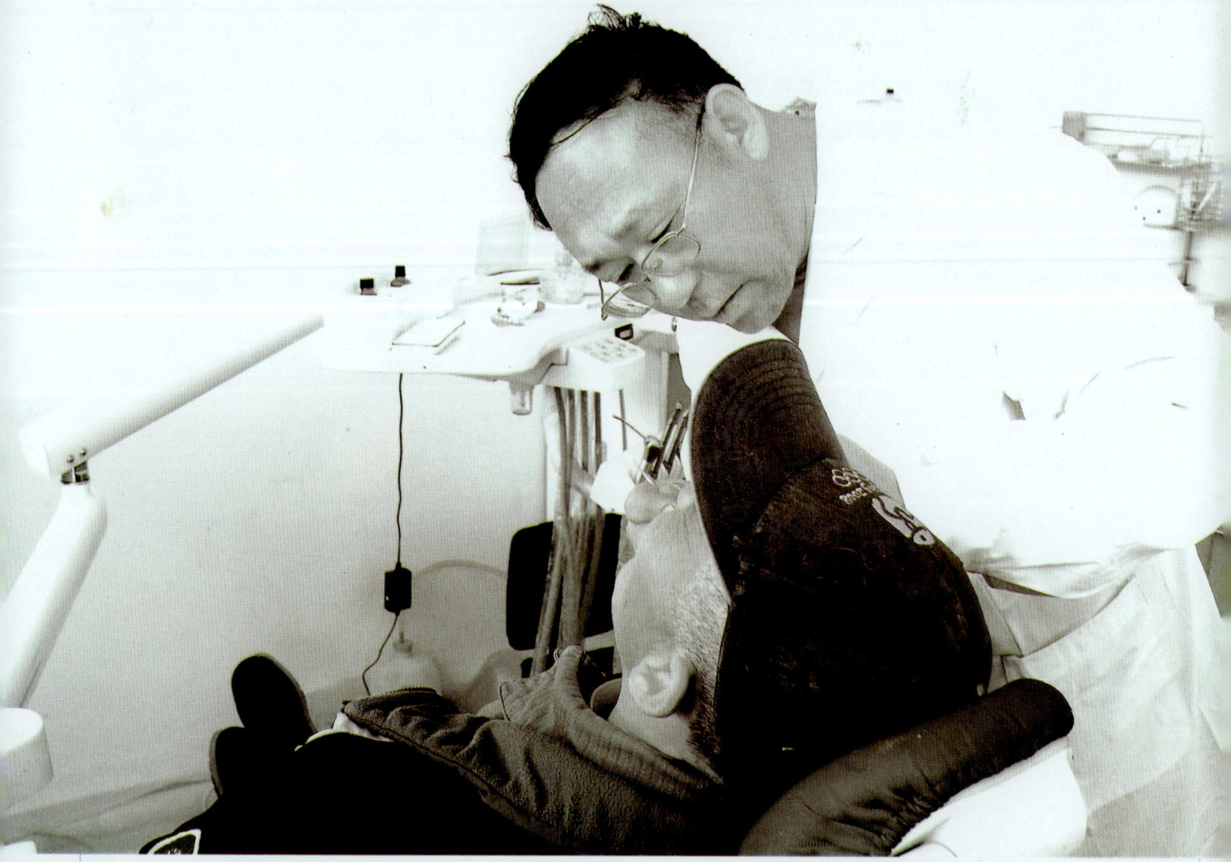

新疆鄯善县育才学校。三(3)班2组的学生提前半小时到校，打扫自己班的卫生区。全校卫生分配到各班，每天早上第一节课前必须打扫干净，以保证学校有一个良好整洁的教学环境。

吴建国 图/文

上海市长宁区宣化路。小巷里的一家日用品店门前，店主家的小姑娘兴致勃勃地挥舞着一根笤帚柄。我问她在玩什么，她说是魔棒。

吴元锴 图/文

陕西省礼泉县南坊镇北岭村。老人许粮成93岁，老伴92岁。他们共有子女七人，均搬出了老宅。两位老人依旧住在共同生活了七十余年的窑洞里。

张少峰 图/文

揭秘"寒武纪大爆发"整体轮廓

● 浙江省缙云县。闲暇时候，村民们聚在一起聊天。

孙新庆 图/文

上海市松江区泖港学校。这个学校包括小学和初中，是九年一贯制学校。这是小学一(2)班的同学在上活动课，一组学生在玩“老鹰抓小鸡”的游戏。

熊桂军 图/文

上海市松江区泖港学校。一 (3) 班的小学生在上体育课，一组同学在进行呼啦圈表演。

熊桂军 图/文

↑ 江苏省南京市中山东路，南京军区南京总医院。病人及家属在护士的指点下办理住院手续。住院的病人需要填写一张非常详细的卡片，包括病人的基本情况、家属联系方式和既往病史等。

南京是江苏省的省会，很多外地患者会选择到南京的大医院看病，他们主要是寄希望于南京高水平的医疗队伍、完善的服务设施，以及不会乱收费、乱开药。看病难、看病贵，一直是老百姓比较头痛的问题。

刘建华 图/文

→ 武警驻山西大同某部训练场。

杨 荣 图/文

←● 广东省高州市区。在粤西岭南一带，春节之后仍有特别的节日要过，那就是具有地方特色的民间文化习俗——年例。25日这一天正是年例。年例的一个重头戏就是摆蘸，这是其中一个社区的居民在摆蘸。市民们把鸡、猪肉、水果等贡品摆在台面上，拜祭观音菩萨，祈求来年健康平安。所谓年例，即年年有例。

邓东强 图/文

↑● 浙江省台州市黄岩区新堂菜市场。

徐海斌 图/文

河南省郑州市晨曦小区门口。64岁的陶长根正在修皮鞋。老陶从17岁开始学习修鞋，到现在“工龄”快50年了。他手艺精湛，为人和蔼，深得周围社区民众的喜欢，生意不赖。老陶说，修鞋这门手艺，看着不怎么体面，但生活中还真是离不开。辛苦一个月，也能挣1500多块钱呢！

老陶家就在晨曦小区，是城中村改造时补偿的经济适用房。老伴63岁，他们有三个女儿，均已成家。大女儿家开货车拉货，收入还不错；二女儿和小女儿都在一家超市做营业员，月平均收入1200元左右。老陶现在有一个外孙和两个外孙女儿。一家子生活虽然不够富裕，倒也其乐融融。

孙钢军 图/文

1948
1948

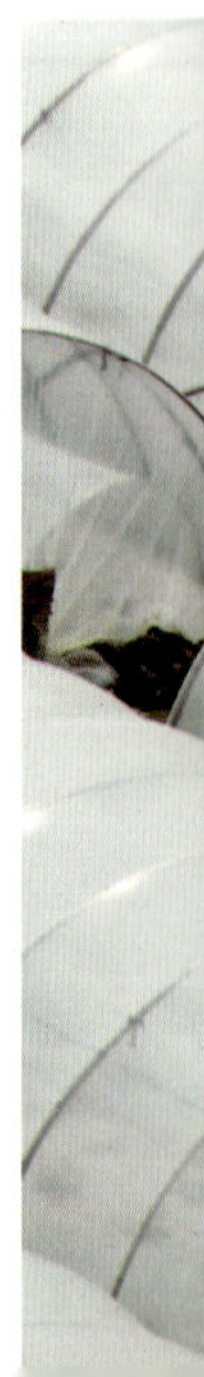

←● 陕西省杨凌农业高新技术产业示范区，西北农林科技大学北校区水房外。图中的这位大妈正在贴广告。她说，每天她都要贴上百张的海报，只为挣点零花钱，补贴家用，或者给孙子孙女买文具。

张云宏 图/文

←● 山东省济南市经十路。过街天桥上，一位卖糖葫芦的妇女。

季芮民 图/文

←● 浙江省瑞安市塘下镇海安下垟田。图为一个妇女在下垟田现代农业区劳作，大篷内种植的是西瓜。

陈立波 图/文

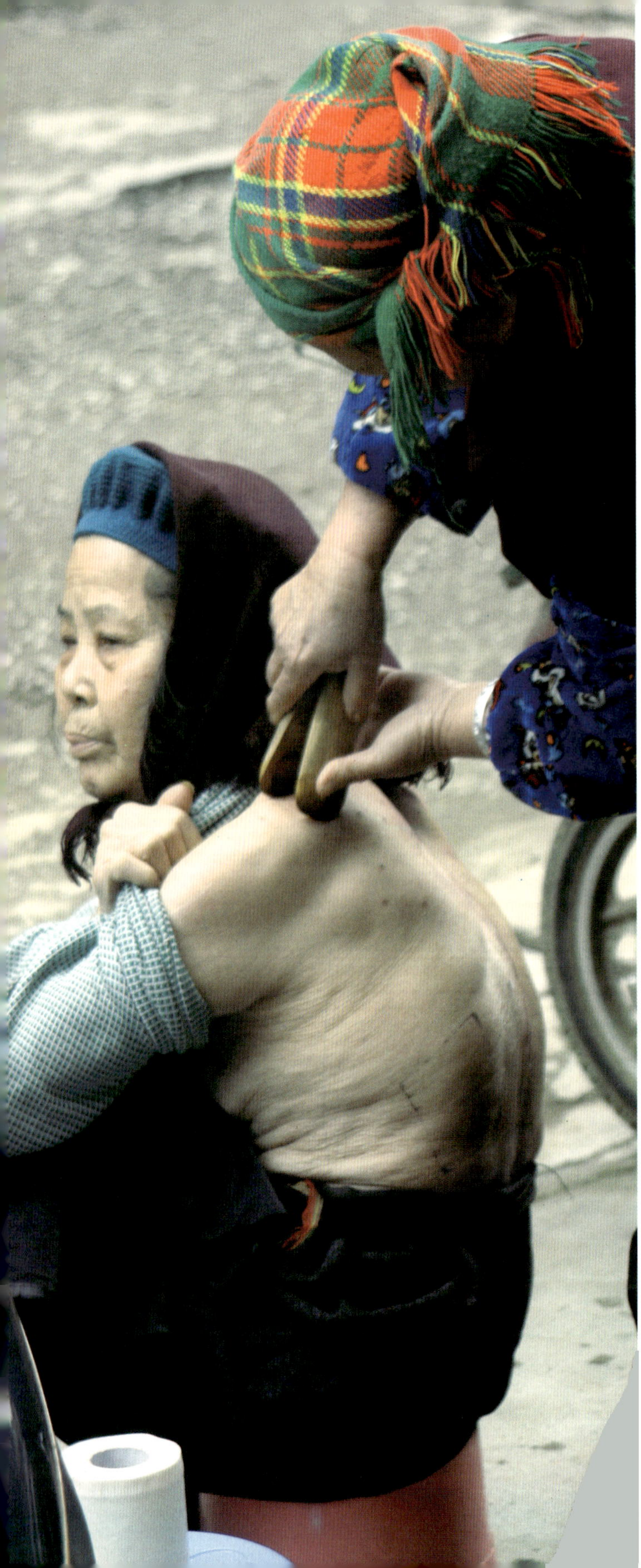

←● 广西崇左市龙州县龙州镇新填地旧市场。一位民间医生在用自制的工具为老人“捏痧”治病。

民间所说的痧，是指夏秋季的暑痧，即羊毛痧、标蛇痧、蚂蝗痧、绞肠痧、吊脚痧等，主要症状有头痛、四肢无力、时冷时热、神经衰弱、晕车晕船及水土不服等。此时，用手指、铜钱、瓷汤匙（边沿完好无损）或者刮痧板之类的专用工具，蘸油（植物油）、温水或随症配制好的药液，在颈椎或胸椎等特定部位，自上而下或从内向外，反复地刮、捏、揪、拧，可刮出紫红色血斑（小出血点）。油、水或药液干了，再蘸再刮，直到皮肤出现密集的紫红色条状丘疹（出现淤血斑痕更佳）为止。

冯兆斌 图/文

→● 黑龙江省哈尔滨市道外区北三道街。一位做磨刀生意的老人正在一丝不苟地处理附近百姓送来的各种刀具。这是哈尔滨现存最古老的一条街道。建筑古旧，民风淳朴，还留存着许多民俗文化。这位磨刀老人兢兢业业地传承着这一古老的手艺，但随着社会的不断发展，这门手艺却即将失传。

苗 茁 图/文

● 浙江省温州市马鞍池公园。两位老人游玩累了，找了个地方小睡一会儿。

孙洪妹 图/文

北京玉渊潭公园。两位老人在湖边小憩，赏景。

郑玉萍 图/文

↙ 北京天坛公园。两位妈妈在为自己的未婚儿女挑选对象。现在的年轻人为了打拼事业，无暇恋爱或谈婚论嫁，大龄未婚现象非常普遍，以至于各种相亲网站和节目异常火爆。父母急于张罗儿女的婚事，往往会亲自为子女牵线搭桥。在时下招聘会比较热门的背景下，慢慢形成了这种父母亲自上阵的颇具规模的相亲招聘会。

李晶 图/文

↗ 北京朝阳区东三环劲松马路边。一名男子落寞地坐在路边，头伏在腿上。城市很大，有时很难找到方向。

宋堃 图/文

→ 北京东三环的双井过街天桥。一个女孩站在天桥上张望，近处是一张租房小广告，远处是林立的高楼大厦。城市很大，却难以找到落脚点。

宋堃 图/文

→ 北京东三环双井。社区公告板被密密麻麻的租房小广告占据。随着地铁的兴建，地铁沿线租住着大量的外来人口和上班族。双井就是这样一个地铁沿线的大型租住区。

宋堃 图/文

KFC

井街道社区服

↑ 浙江省永嘉县大若岩镇野外。摄友结伴出游总会带几位美女当模特练习摄影技术，图中一群摄友正对着模特认真地拍摄。

董道录 图/文

← 江苏省南京市新庄，南京国际展览中心。两个参加展览会演出的女孩，演出间隙坐在太阳下休息。

刘建华 图/文

上海市长乐路。上海的老阿姨们相互间喜欢以“姐妹”相称，她们历来有边晒太阳边“噶三乌”（上海话“闲聊”的意思）的习惯。经过多日降温后，3 月 25 日这一天难得阳光灿烂，在屋内待了数日的老阿姨们迫不及待地走出家门，与相熟相伴多年的老姐妹一边享受好天气，一边“噶三乌”。

卫 中 图/文

浙江省温州南火车站。列车员正指挥乘客退到安全线以内候车。

余永康 图/文

● 四川省雅安市中心雅州廊桥附近。在某活动现场，一辆人力三轮车与小客车发生刮蹭，维持秩序的交警在对三轮车车主（图中穿棕色西服者）进行处理。

张国军 图/文

浙江省永嘉县大若岩镇野外。工人老李正在吃中午饭。午饭时间，参加植树造林的村民，每人分到一个麦饼和一瓶啤酒，这是绿化的包工头送给每一位工人的免费午餐。麦饼一斤来重，我问他们能否吃饱？他们说差不多，如果不够，他们自己还带有干粮和水。

穿迷彩服的老李是参加植树的人里年龄较大的一位，他说自己能喝下四瓶啤酒。不过，午餐只发一瓶啤酒。麦饼还有半个，他就已经把啤酒喝完了。

董道录 图/文

←● 广西崇左市龙州县龙州镇新填地旧市场。民间中医陆阿姨在给一位得了“发痧”病的患者进行拔罐治疗。陆阿姨几乎每天都在这里开摊，她的病人多数是附近的农民。由于疗效快，收费低，每人每次收10–20元钱，患者都乐意接受她的治疗。陆阿姨一天的收入在80元以上。

发痧，指在高温环境下人体体温调节功能紊乱而引起的以中枢神经系统和循环系统障碍为主要表现的急性疾病。除了高温、烈日曝晒外，工作强度过大、时间过长、睡眠不足、过度疲劳等均为常见的诱因。

冯兆斌 图/文

↑● 河南省郑州市长江路春晖教工小区门口。一位老汉正在做爆米花。老汉叫汤中习，开封杞县人，56岁。他有两个儿子，大儿子在北京的一个建筑工地上打工，二儿子在福建做电焊生意。老汉有两个孙子。他一个月能挣1000多元钱，基本可以满足日常吃用。老汤很开朗，言语中透着自信和执着。

孙钢军 图/文

↖ 山东省淄博市博山区石马镇芦家台村。一位老奶奶坐在自家的超市门前。

周庆冬 图/文

↑ 浙江省缙云县。中午饭时间到了，村子里的奶奶正在用餐。

孙新庆 图/文

← 山西省太原市阳曲县青龙古镇。几个老人在闲聊。骑车的老汉叫王生子，阳曲县青龙村村民，83岁，有二子一女，都在本村的一个搅拌站上班，月收入均在2000元左右。他准备骑车去村里转悠，刚好路过看到熟人在晒太阳。村里的人对他的生活以及家庭无不流露出羡慕的神情。

杨晓勇 图/文

陕西省淳化县马家镇对坡村。一位村民正在自家的窑洞中，往脸盆里倒水。

淳化县地处陕西渭北旱塬，其地貌特征属黄土高原丘陵沟壑区。这里的塬是指两条深沟之间的塬面，一般塬面宽几公里，较宽的塬面可达五公里以上，长约数十公里。所以，站在塬面上和站在平原是一样的。该地民风民俗既区别于关中道，又不同于陕北。特别是亘古以来百姓所居住的地坑院窑洞（当地又叫暗庄子），形成了其鲜明的地域居住特征。

所谓地坑院窑洞，就是在平地上挖一个长宽各数十米，深约六米以上的方形大坑。然后在坑的四周开凿窑洞，窑洞一般高 4 米左右，宽 3.5–4.5 米，深可达数十米。而整个院落与北京四合院相似，面积则可达四合院的数倍。由地坑院窑洞组成的村子，站在远处根本看不见。站在塬上看，哪里树多，哪里就有村落。所以，当地百姓把地坑院窑洞称做“暗庄子”是很贴切的。

今天，由于经济的发展和居住条件的变化，这些古老的窑洞正在消失。淳化地坑院窑洞人家只剩下三成左右。

曹晓荣 图/文

● 广东省珠海市香洲区，北京理工大学珠海学院一男生宿舍。吉祥与新合在进行“两岸会谈”，讨论主题：谁下床关门。

温昱昊 图/文

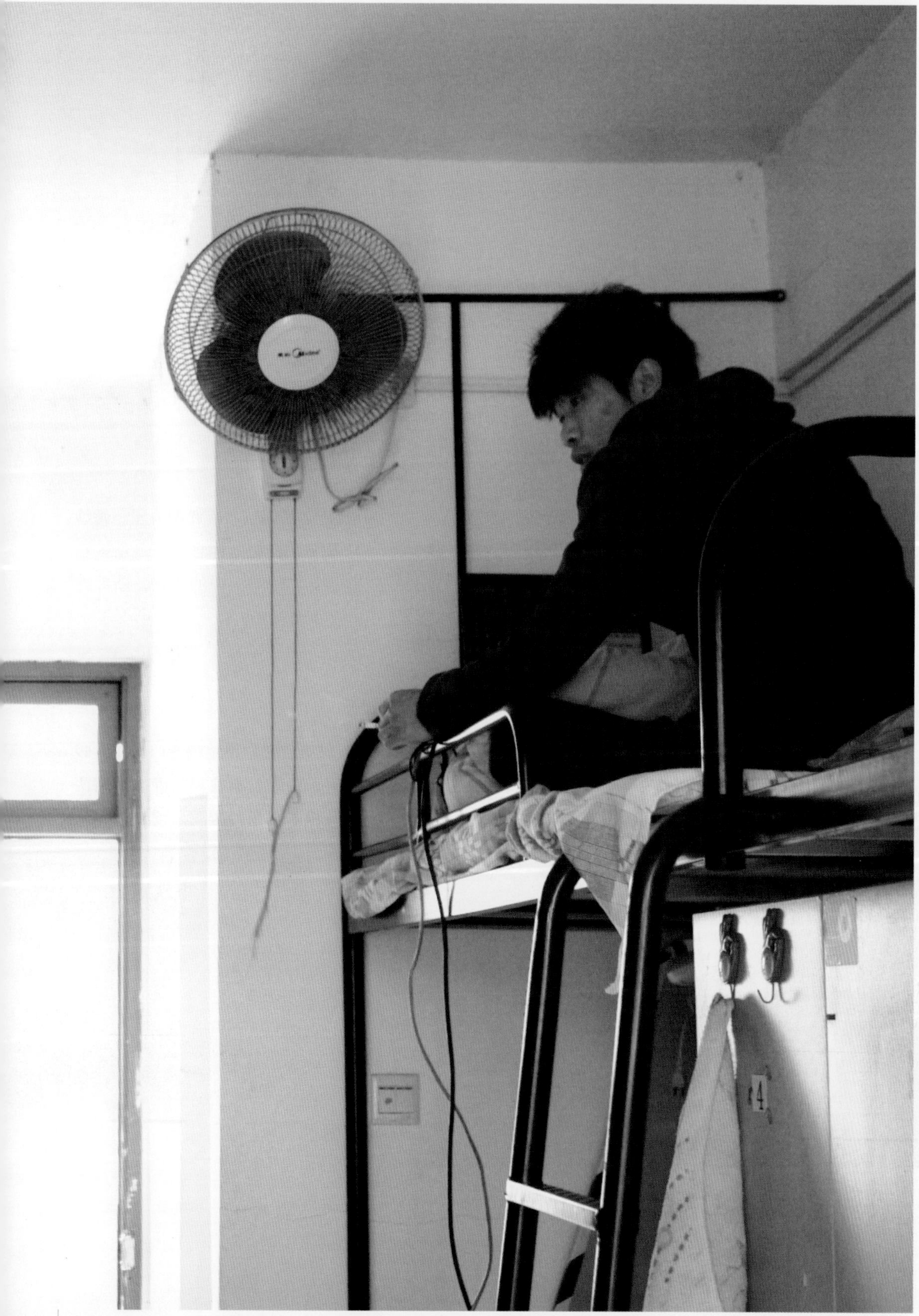

← 江苏省南京市玄武湖公园。婚纱照拍累了，暂时休息一下。新娘在打电话，说着心中的甜蜜，新郎在一旁侧耳倾听。

沈 权 图/文

← 江苏省南京市鸡鸣寺门前。春暖花开的时节，通往鸡鸣寺的道路两侧开满了白色的樱花。前来赏花和祈福的人络绎不绝。

李玖霖 图/文

广州孙中山大元帅府纪念馆前。几位游玩的老人在此留影纪念。

王镜皓 图/文

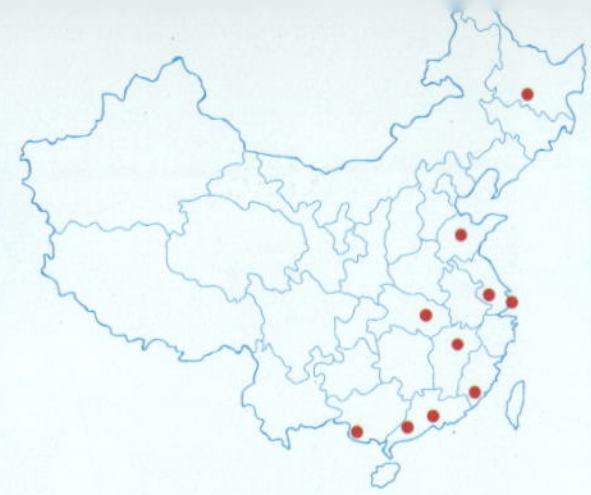

← 上海市陆家嘴世纪大道浦东南路路口。城市太大，汽车太多，绿灯太短，过马路的人群总是步履匆匆。

石 昊 图/文

↓ 上海市陆家嘴世纪大道浦东南路路口。午饭时间，行人们安静地等待过马路。

石 昊 图/文

江西南昌赣江岸边。一个渔民坐在独特的自制轮胎船上，划水捕鱼。河面上风大浪大，轮胎船摇摆不定，他还是艰难地划着。不出船，就没有饭吃。尽管辛苦，并且收入微薄，但打渔是他们赖以生存的全部。

李 劲 图/文

↑● 广西崇左市龙州县龙州镇卖篮行（街道名），一家五金手工作坊。

冯兆斌 图/文

↖● 上海市静安区昭化东路。昭化东路是一条安静的上海老街，人流本来就不大，中午更是清静。这个卖香蕉的男子正低着头打瞌睡。他的背后是正在拆迁的昭化东路老民房。

吴元锴 图/文

←● 湖北省武汉市徐家棚老火车站附近。一位老人安详地吃着午饭。

常 骏 图/文

精典房源
仁恒滨江
Yanlord Gardens
720万
仁恒滨江
Yanlord Gardens
1150万
江临天下
Summit Panorama
850万
仁恒滨江
Yanlord Gardens
750万
仁恒滨江
Yanlord Gardens
800万
仁恒滨江
Yanlord Gardens
1300万
仁恒滨江
Yanlord Gardens
1280万
仁恒滨江
Yanlord Gardens
2000万
仁恒滨江
Yanlord Gardens
780万
仁恒滨江
Yanlord Gardens
780万
仁恒滨江
Yanlord Gardens
750万
世茂滨江
Shimao Riviera Garden
440万
世茂滨江
Shimao Riviera Garden
1000万
仁恒滨江
Yanlord Gardens
780万
仁恒滨江
Yanlord Gardens
1300万
仁恒滨江
Gardens
1800万
世茂滨江
580万
仁恒滨江
Yanlord Gardens
850万
1200万

↑ 广东省罗定市市政广场。为了吸引客人，这个卖羊肉串的小伙子跳起了舞。

谭津泰 图/文

← 上海市东昌路。一名年轻女子路过一家房产中介，抬头看着数百万、上千万的房价，想想自己的工资（据上海市社保局统计，上海市2010年职工平均工资为46757元，月均3896元），不知会有何感想。

石 昊 图/文

江苏省南京市新庄，南京国际展览中心。中国瓯绣大师、浙江省传承人施成权女士在展会现场表演瓯绣制作工艺。

瓯绣被列入中国非物质文化遗产名录。它的工艺程序是，把毛竹刮去青皮，通过分层开片，煮熟抽丝，编织成竹帘，然后用颜料或彩线在上面制成花鸟、山水、人物等作品，所以也称作“画帘”。瓯绣是浙江温州的地方传统艺术，产于瓯江地区；也是浙江“三雕一绣”特种工艺品之一，由中国传统刺绣发展而来。它与湘绣、苏绣、蜀绣合称我国四大名绣。瓯绣是我国出口名绣之一，不仅被国家珍藏，还被作为国礼赠送，所以有“发绣外交”之说。瓯绣的品种很多，除各式画片、挂屏等装饰品外，还有台布、戏装、枕套、被面等实用品。画面有人物、山水、花卉、走兽4大类，1000多个花色品种。

刘建华 图/文

江西南昌。江西师范大学在建的研究生楼工地，老周和老郑躺在钢筋上晒太阳。农民工们的午休，只能在工地上就地解决。

徐富金 图/文

湖北省武汉市徐家棚老火车站附近。一个收废品的大爷，听着 MP3，趁着午后小睡一会儿。

常 骏 图/文

● 广州华南农业大学。一场篮球比赛正在进行中，一位球员准备上篮进攻。

麦汉文 图/文

→ 湖北省武汉市徐东街。一个男子入神地边走路边看书。我和他迎面走过，拿出相机，打开，连拍，翻转屏幕，按下快门，而他还是一直看书，竟然连头都没有抬，一点都没注意到外界的动静。

常 骏 图/文

↗ 山东省济南市，山东师范大学校园内。一位学生正在宣传栏张贴时下最热门的公务员考试辅导班的招生广告。

季芮民 图/文

→ 湖北省安陆市王义贞镇中心小学食堂。大学生支教生，23 岁的汪关荣在为三（1）班的学生打饭菜。

为解决农村师资不足和年龄老化的问题，近年来，湖北省每年选拔 3000 名大学生到农村学校任教。

王代金 图/文

大头维修
限量特价
TP150M无线路由—95元
大公教育
领军中国公考面试
讲座通知
2011年山东省选调生、
公务员考试公益讲座
火爆进行中....
欢迎广大考生来感受孙景民专家团队炉火纯青的讲课艺术,让您在短时间内成为考试高手!!
主讲人：孙景民专家团队
内 容：《申论》
时 间：3月25日 18:30–20:30
地 点：

现场
B17
世界新闻
B30
美:空军被击溃 美:集中打地面
沸沸点点眼镜平价超市
广告专页
面雕工程，明星御用的美丽法宝
明星最爱非手术面雕工程塑造脸型
进化版小针/美容
出人意料神奇效果
琼瑶女郎陈德容面雕成功 闪电嫁富豪
广告专页 B29
润桥西畔
360° 格调生活圈，荣享一城繁华

↑ 广州孙中山大元帅府纪念馆附近的一个报刊亭。

李俊鹏 图/文

← 黑龙江省哈尔滨市松花江畔。艳阳高照的午后，在一个公益阅报亭边，一位老人正拿着放大镜看报纸。

苗 苗 图/文

上海市南京路恒隆广场。四个女孩，每人手捧一杯星巴克(Starbucks)，漫步在午后的街头。对于上海写字楼的白领们来说，隔三差五地喝一杯星巴克，几乎是再平常不过的了。

张晓晖 图/文

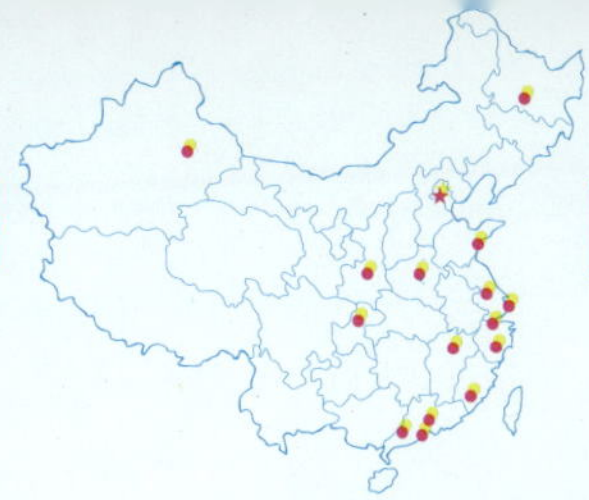

13:00

● 上海市松江区广富林路。JUNO是自由设计师，平时都在家工作。设计师常常工作到深夜，所以起得也晚。午后是她工作的时间，常常对着电脑一坐就是一下午。工作告一段落，她会坐在阳台上看书，休息一下。傍晚六点多，JUNO开始做晚饭。有时，她一天都不用出门，这就是自由设计师的生活。

李洋阳 图/文

TO LINE 10
劲松方向
双井
劲松
HOME
巴沟方向
太阳宫
芍药居

● 北京地铁1号线和10号线交汇处，国贸站。有人在10号线的指示牌上，用涂改液添了一个“HOME”（家）。不知这是在表达一个小小的愿望，还是在表达不知家在何处的无奈，引来无数人观望。

郭小天 图/文

↑ ● 广州市海珠区素社街。几个年轻人正在搬家。

谭伟樵 图/文

↗ ● 浙江省温州市，温州大学 C 区学生宿舍楼。天气晴好，同学们把被子拿出来晒在阳台上。

胡铸鑫 图/文

→ ● 北京昌平区东小口镇天通北苑一区。因紧邻地铁 5 号线天通苑站，这里聚集着大批的租房一族。二房东们从房屋主人（大房东）手里租下房子，然后再转租给租户们。由于不收中介费，所以，与收中介费的正规房产中介之间形成了竞争之势。房屋出租的广告随处可见。许多买不起房的北漂一族，会在这里租一处比较便宜的房子暂且安身。

张长有 图/文

个人单间出租
个人单间出租
精装主卧 900–1600元
精装次卧 650–1300元
电话：18701004983
地址：北京市天通苑
地址：北京市天通苑

↑● 江苏省扬州市汽车站内。候车室里，一对恋人正在告别，旁边的中年妇女侧目而视。

于向凤 图/文

←● 江苏省南京市新庄。四位全身涂成金黄色的年轻人正准备到南京国际展览中心进行表演。在南京，展览活动通常会请艺人进行表演以吸引观众。这四个人会摆出一组雕塑造型，来展示特定内涵。活雕塑艺术是行为艺术的一个支派，起源于西方国家，主要通过真人涂绘，达到雕塑的逼真效果，配以肢体语言，向人们展示其艺术的内涵。

刘建华 图/文

新疆伊吾县淖毛湖乡菜市场拐角处。这一天天气非常好，一位维吾尔族的老大爷在地上铺了一小块红布头，摆上几把自制的小刀和斧头，开始吆喝叫卖。看到我给他拍照，脸上便露出了十分可爱的表情。

吴国瑞 图/文

←● 新疆鄯善县新城农贸市场。摊主叫热扎克，1966年生，毕业后一直做卖牛肉的生意。这是他正在给一个顾客切肉。

吴建国 图/文

↓● 新疆伊吾县淖毛湖乡菜市场旁的理发店里，两个不同民族的妇女坐在门口椅子上。那位汉族妇女拉起维吾尔族妇女的长发辫，大声惊呼："哇！这么长的一头黑发啊，太漂亮啦！"听她这一喊，许多路人都给吸引过来了。

吴国瑞 图/文

↑ 陕西省淳化县马家镇对坡村。两个人在布置婚礼现场。

这里的传统风俗是，婚礼当日，舅家为新郎披红、插花，宾主互道问候，斟酒致礼，新娘下轿，新郎引新娘至院中香案，后入洞房。午间，院中置酒桌，行“辞媒换帖”礼。午宴为当地婚礼的高潮。席前把盏行令，宾朋满座，热闹非凡。新郎新娘执杯把盏，由长及幼依次敬酒致谢。正午，有“观魂”（即敬灶神）、“赔压岁钱”之俗。黄昏，村邻吃喜酒闹房（俗称耍房）。现在，只在某些地方还保留着部分的风俗。年轻人大多崇尚新风，婚礼多为中西合璧。

曹晓荣 图/文

→ 江西省南昌市，江西师范大学。校园内的一条小渠边，一群妇女头裹毛巾，边说边笑，把采到的草药放在各自手边的桶里。据说，每到春天的时候，她们就会到各个校园去采草药，这样既能赚钱又能除草，一举两得。

徐富金 图/文

→ 新疆鄯善县楼兰西路。一群来自南疆和甘肃的农民工，在此等候本地乡下农民招他们到地里挖葡萄树上架。一位来自南疆民丰的农民艾和买提江说，他们家距鄯善有2000多公里。现已开春，这边地里的葡萄树要挖出来上架，需要人手。他们每天可挣100元。中午刚过，又涌来了更多找工作的外来民工，等着雇主招人。

吴建国 图/文

楼兰西路
LOULAN XILU

← 山东省青岛市城阳区。在街道的拐角处，我遇到了这位讨饭的老人。我走过去，朝她笑着打招呼，不想，她却如同受宠若惊一般看着我，腼腆地笑着，俨然一个小姑娘。当我提出给她照相的时候，她不好意思地直摇手。“我只是个要饭的老太婆，没什么好照的啊！”趁她说话的时候，我赶紧抓拍了几张。离去时，突然想起了我奶奶……

唐慧娟 图/文

↑ 广东省珠海市香洲总站。一个古稀之年的老人拖着大大小小的包裹和袋子，艰难地行走在马路上。

温显昊 图/文

上海市闸北区武昌路。我时常经过的小杂货铺今天挂出了“送猫”的牌子。店主人在屋内忙活着，猫蹲在门楣上一动不动。

吴元锴 图/文

重庆市北碚区中山路。一位摆摊的大爷在整理他的货物。

付 强 图/文

北京市崇文门收费停车场。收费的女子带着孩子在工作。

武克奋 图/文

浙江省杭州市下城区沈家北园河边。清理河道的王大爷躺在工作的小船上打盹。

吴挺杰 图/文

重庆市北碚区中山路。几位“棒棒”（重庆的挑夫）在一家店门口等活儿。

付强 图/文

上海市安西路。在网络的迅猛攻势下，网购、团购已经成了时下年轻人推崇的购物方式。而这个妇女正忧郁地看着炉灶上摆满的烘山芋，谁能知道今天会卖掉几个。

徐汇丰 图/文

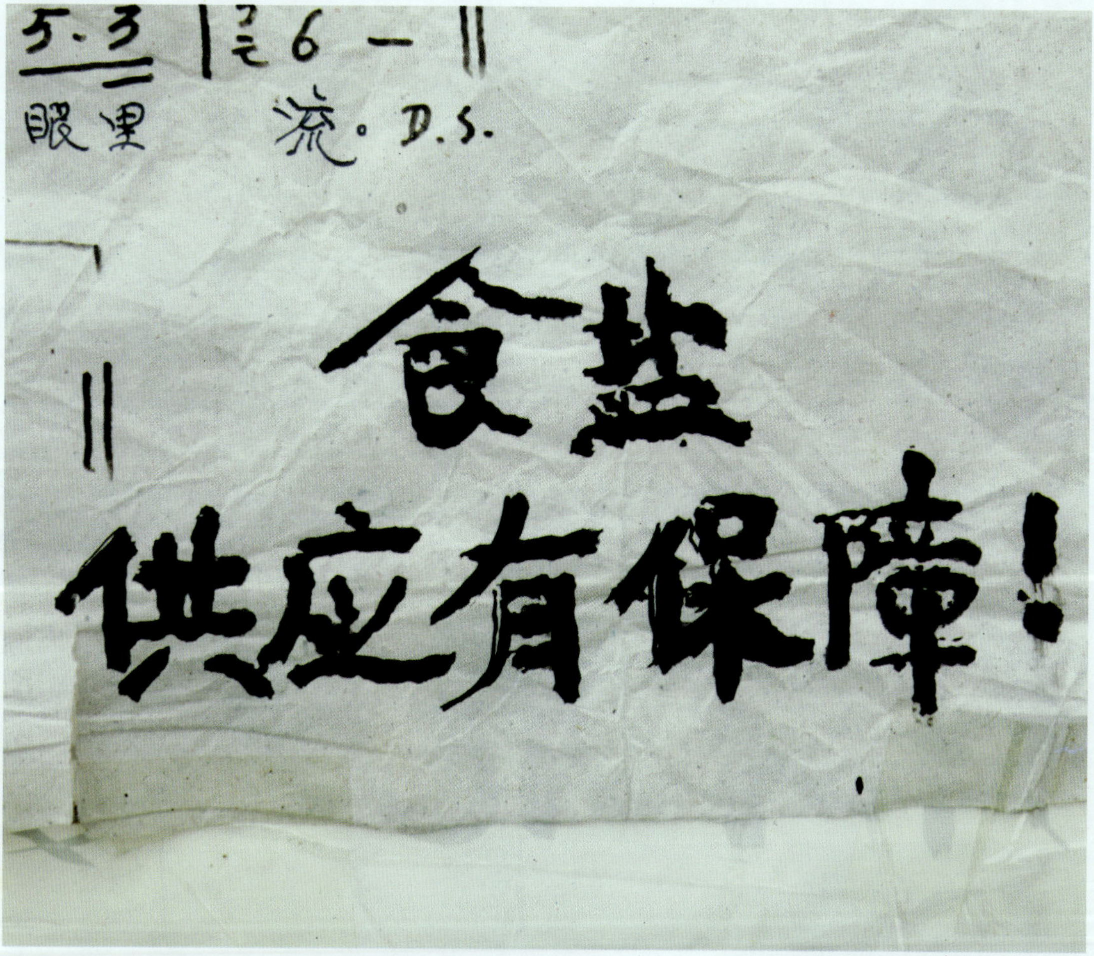

黑龙江省哈尔滨市道里区，建国公园的一处公告牌。附近的社区居民经常会用废旧挂历书写对最新时事的评论。2011 年 3 月 11 日，日本发生 9 级大地震，地震引发海啸和核泄漏。3 月 17 日左右，吃盐防辐射，以及核污染影响食盐供应的谣言，在中国引发了一场席卷全国的哄抢食盐风潮。有居民在公告牌上写下——食盐供应有保障！

苗 苗 图/文

锁匙
雙喜牌

← 广东省罗定市人民中路。在路旁卖零食的阿姨，因为暂时没有客人来买东西而打起了瞌睡。

谭津泰 图/文

↑ 广东省罗定市人民中路。一位在此地卖了十几年手工剪纸的老奶奶，在路边一边做活儿，一边等顾客。

谭津泰 图/文

黑龙江省哈尔滨市红博会展中心。春季车展。

王春微 图/文

● 江苏省南京市玄武湖。这位老人推着老伴在湖边游玩。后面一对年轻人有说有笑地走过。

沈 权 图/文

浙江省杭州市湖滨步行街。一位老人坐在长椅上浏览《时尚周末》，身边还堆着几本杂志。

杜潇俊 图/文

常回家

北京崇文区好景胡同。

文晨明 图/文

↑ 河南省郑州市上街区。中午阳光很温暖，他在树下悠闲地晒着太阳。

马胜超 图/文

↖ 四川省攀枝花市西区清香坪。这里的居民过着郊区农村的生活，住房条件很差，吃的菜都是自己种的。

彭 兮 图/文

← 重庆市北碚区嘉陵江畔。由于今年同期气温偏低，前来江边喝茶和打麻将的人很少。生意冷清，老板娘一个人对着公路墙根发愁。

付 强 图/文

北京东城区前门大街附近的地下通道。

文晨明 图/文

西北出口

↑ 山东省淄博市周村区。和煦的春日午后，古商城的一群老人在晒太阳。

王 锋 图/文

← 上海市愚园路。悠闲的午后，老阿婆推着行动不便的老伴出来晒太阳。老洋房，小弄堂。愚园路多次被网友评为上海最安静的马路之一。

徐汇丰 图/文

↖ 江苏省南京市鼓楼广场。被称为“世界第七高楼”的紫峰大厦的玻璃外墙上，工人们正吊在半空中进行清洁作业。

李玖霖 图/文

← 山东省淄博市周村区商业街。三轮车夫和小商贩在谈论报纸上的新闻。这种人力三轮车，客人坐在前面，是周村的传统载客工具，俗称“大簸箕”。

王 锋 图/文

↑ 江苏省南通市古运河上。小码头旁，一列运货的船队经过，船老大悠闲地走在连船上。随着公路和铁路交通的发达，古运河在衰落，不过，它仍然发挥着余热。

朱彬斌 图/文

北京市朝阳区大望路的公交车站。

宋 堃 图/文

江苏省南京市情侣园。一位女孩在拍写真。南京情侣园风景怡人，一年四季都有人在这里拍照。

刘建华 图/文

● 广东省珠海市香洲总站旁。一个补鞋的妇女正在做活儿。

李 挺 图/文

四川成都郫县团结镇花犁村。四川人天生爱打麻将，无论在城市还是乡镇。即便不打，也要来围观一番。

谢 晓 图/文

↑ 湖北武汉市江夏区纸坊街宁安巷。一个修鞋匠靠每天在路边给人修鞋为生。

龙 庆 图/文

← 湖北武汉市江夏区纸坊街宁安巷。一个卖活鸡的大婶，在摊子上睡着了。

龙 庆 图/文

↑ 广西崇左市龙州县龙州镇。一个中医诊所内，患者送来的锦旗挂满了客厅。

冯兆斌 图/文

→ 武汉市江夏区公安分局指挥中心。值班民警在接听群众报警电话。他们每天的工作就是受理群众报警，然后安排民警处理。

龙 庆 图/文

15:00

● 广东省阳江市阳东县塘坪墟。集市日，一个老人在街头摆摊，教路人与游客辨别人民币的真假。

刘广润 图/文

● 辽宁省沈阳市南湖公园。一个环卫工人在飘满浮萍的水面上艰难划行。每年春天，公园的工作人员都要对这些浮萍进行清理，以保证湖水清洁、无异味。

郭春江 图/文

浙江省温州市广场路。市区的清洁工在清扫马路时，会顺带捡一些可回收的废品，换些零花钱补贴家用。有时，一个月也能有几百元钱。这位清洁工正坐在一家精品内衣店门口的台阶上，把一些有用的废品放到袋子里。

董秀丽 图/文

四川成都郫县团结镇花犁村。初春时节，油菜花盛开。这位大妈正与蹲在田里劳作的女儿闲聊。

谢晓 图/文

↑ 山东省淄博市文昌湖旅游度假区的农田里，一位老农正在开沟放水。眼下正是麦苗浇灌“返青水”的时候，由于今年以来我国小麦各主产区旱情严重，农民浇灌一亩地大概要花费 120 元钱。

王 锋 图/文

↗ 河北省三河市一条公路边的农田里。一个大娘在种豆角。

李连明 图/文

→ 山东省淄博市周村区蔬菜批发市场。不到一个小时的时间，他的莲藕已经批发出去过半。小憩中的他，疲惫，但是高兴。

王 锋 图/文

广西崇左市龙州县龙州镇岭南村。甘蔗是这里农民的主要经济作物，每到收蔗季节，村里的妇女就成了砍甘蔗的主力军。一块地的甘蔗一般要十多人来砍，一个人从早到晚很卖力地砍也就只砍得一吨。所以，她们组成互助组，哪家派到了砍蔗票，就帮哪家砍甘蔗，不收工钱，互帮互助。

甘蔗收割的时候，并不是想砍就能砍的。必须等到糖厂派发的砍蔗票，才可以收割。本来秋末是甘蔗最好的收割季节，糖分高，质量重。可是如果轮不到糖厂发的票，那么甘蔗就得等到第二年春才能砍。这时的甘蔗经历风霜冻雨，耗损了甜度，质量下降。雨多的冬春季，甘蔗受不了冻雨会全部倒伏，农民的损失就更大。

冯兆斌 图/文

北京东城区灯市口。爷孙俩从胡同里一扇朱红漆大门前走过。近年来，许多老北京的传统文化日渐消失。胡同是北京最具代表性的地域文化标志，现在已经越来越少了。

薛　峰 图/文

上海市吴江路。吴江路早先是上海有名的小吃一条街，后来经过改造，原先的小街被现在道路两旁的高楼大厦替代。因为高楼大厦的遮挡，吴江路很难被阳光直接照射到。这天午后，路过吴江路，恰好见到阳光照射到对面高楼的玻璃幕墙上再反射回来，把吴江路上行人的影子拖得长长的，构成了我这个天天走这里上下班的人难得见到的影像。

卫中 图/文

↑● 广东省阳江市阳东县塘坪墟。集市当天，人山人海，两位大叔一聋一哑正在较量买卖，讨价还价。

刘广润 图/文

→● 四川省攀枝花市西区清香坪。这个爷爷是算命先生，算一次收 12 元钱。他每天都在这个街角。听妈妈说，我的名字就是他起的。

彭兮 图/文

抽签取痣看坟山
查名取名
测吉凶祸福
算过去未来
算命占卦
择期合婚定良缘

↑ 湖北省安陆市王义贞镇中心小学门口。家长们正等待孩子放学。在城市，放学时学校门口会被排成长龙的车辆堵塞；在农村，接孩子的农民大多徒步而来。

王代金 图/文

→ 上海地铁2号线吴江路站出口处。这里有上海著名的小吃街，摩的司机们在地铁口等待拉客。这种摩的便宜、快速、不堵车，但比较危险。有地铁的大城市，几乎每个地铁口都聚集着一帮摩的。他们等着一班地铁到来，拉上乘客，呼啸而散。十几分钟后，重又回到这里继续等待。

张晓晖 图/文

北京朝阳区双井乐成广场。一群年轻人在玩滑板。

王爱辉 图/文

环城南路
法院卫生包干路段　责任人:
桥亭头 —— 南官河
台州市市民守
要文明礼貌　不粗言
要整洁卫生　不随吐
要交通有序　不乱行
要按章建筑　不乱搭
要买卖公道　不假冒
要爱护公物　不污染
要尊重科教　不愚昧
要计划生育　不早婚
要见义勇为　不打架
要遵纪守法　不恶习
要同心建市　不愧对

↑ 山西省太原市阳曲县黄寨镇北留村。一户农家院门前，春节贴的对联还红艳艳的。

杨晓勇 图/文

← 浙江省台州市黄岩区劳动南路。一名妇女在人行道上摆起了摊，给过路人擦鞋，挣点钱养家糊口。

徐海斌 图/文

4
3
2
快速保养
fast
maintenan e
1
快速保养
fast
maintenance

↑ 陕西省咸阳市中级人民法院立案庭。书记员杨莹正在登记基层法院送来的案卷。

张少峰 图/文

← 浙江省温州市汽车城。4S 店的员工在忙碌的工作中。

徐维北 图/文

←● 浙江省温州市马鞍池东路人行道上。李先生，30岁，河南省平顶山人。清明节即将到来，正是卖花的旺季。他开着摩托车卖花，有很多人围着买，生意不错。他说，清明节过后一星期就回老家，到农历八月十五再来。

林春华 图/文

→● 河北省石家庄市，河北经贸大学家属院。室外阳光灿烂，一个修鞋的大爷趁闲暇时间席地而睡。

吴 菁 图/文

上海海事大学龙舟队的队员们在训练。每天下午，无论刮风下雨，他们都会例行训练，手上的老茧起了一层又一层。日复一日的艰苦训练，让海事大学龙舟队成为国际大赛中一支勇猛无比的队伍。

郭华强 图/文

● 山东省淄博市萌山湖某莲藕生产基地。莲藕生产管理的前期，农民们正忙着清理藕池中沉积的秸秆，以便重新利用。秸秆养藕，替代传统的种植方式，不但改变了莲藕的栽培基质，而且秸秆经过微生物菌种发酵后还是很好的有机肥，可以取代化肥，是生产有机食品藕的一条好途径。

王 锋 图/文

← 北京海淀区五道口附近。一个城管人员在驱赶摆摊的少数民族妇女，这位妇女一直辩解着。

杨清钰 图/文

← 河南省郑州市上街区济源路。街边一辆白色轿车上摆满了货物，摊主在向行人介绍包包和钱夹。开着这样的车摆摊是比较少见的。

马胜超 图/文

→ 广东珠海市香洲区牛津街。手工衣服作坊的师傅在做活儿。从顾客口中得知，老板的手艺非常不错。

牛津街是珠海的特色街区。在一条全长不过百米的小胡同里，集聚着各式各样的特色店铺，装修别致，文化氛围浓郁。这是个创意集市，人们可以从许多时尚的摊位里淘到稀奇古怪的东西，看到好看的涂鸦和震撼的行为艺术。

李 挺 图/文

● 河南省郑州市上街区登封路，上街区实验初级中学门口。放学时分，校门口围满了接学生的家长，造成周边区域严重堵车。

马胜超 图/文

广州市海珠区琶洲村。一名拾荒者在工地附近捡废料。

许华锋 图/文

浙江省温州市蝉街。一市民从超市购物后回家。

董秀丽 图/文

浙江省温州市广场路。一个工人从广告牌前经过。

周秋莲 图/文

河北省石家庄市，河北经贸大学家属院。这夫妻俩经营了一家小型理发店，趁着天气晴暖，把毛巾拿出来晒晒。

吴 菁 图/文

↑ 浙江省台州市黄岩区九峰公园。公园的古枫树长出翠绿的树叶，一家三口下班放学后走过公园，感受春的气息。

徐海斌 图/文

← 上海浦东国际机场2号航站楼，港澳台国际登机口。一对即将分别的恋人。

徐汇丰 图/文

↑ 北京王府井步行街。虽然不是节日，可人流依然不减。

薛　峰 图/文

→ 北京海淀区五道口附近。一位乞讨的老人，满脸沧桑中透着尊严。

杨清钰 图/文

山西省太原市阳曲县岔上乡南交村。农闲时节，村里的百姓聚集在一起，晒太阳，聊家常。

杨晓勇 图/文

广西崇左市龙州县龙州镇岭南村。路过此地的几名广西艺术学院的学生，被龙州－夏石二级公路（南宁至友谊关高速公路的支线）边的一大片黄土地所吸引，临时停车，即兴作起画来。

冯兆斌 图/文

北京，颐和园东门外。一个三轮车夫在等活儿。

武克奋 图/文

河北省石家庄市的一个工厂车间。李师傅正在加工零件。他今年 52 岁，干这一行都三十多年了。工作之余，他会带老伴儿出去散心。他说，他觉得现在的生活很满足。

师 克 图/文

票价：20元/人次
ENTRANCE TICKET 20.00 RMB

17:00

← 北京，天安门城楼下。一名护卫毛主席像的国旗班战士。这些战士是每年从武警总队上万名经过三个月军事训练后的新兵中严格挑选出来的。来到中队后，他们还需要强化训练四个月。在此期间，要过好几道关；每过一道关都要流几个月的汗，脱几层皮，掉几斤肉。

赵 晨 图/文

↖ 北京，天坛公园。祈年殿前，一对年轻的父母正在给孩子拍照。

丁 冰 图/文

← 北京，天坛公园。祈年殿前，一个小贩正在数自己一天的收入。

丁 冰 图/文

广东省深圳宝安区观澜镇某公司办公室。这些来自香港、湖南、成都、山东、广东的同事，有的工龄近十年，有的只有几个月。虽然同在一个办公室，但从事着不同的岗位：有数字营销经理，有传讯经理，有杂志主编，有市场经理和广告经理等。

缪 华 图/文

↖● 北京朝阳区安贞桥安贞大厦地下商城。一家精品店的老板，在没顾客上门的时候弹着吉他自娱自乐。她从清华大学美术学院毕业，做过广告设计师和服装设计师，去年和朋友开了这家店，小店打理得很漂亮。她觉得这样的生活很惬意。

郑玉萍 图/文

←● 广东省阳江市阳春县某纺织厂。一位女工在车间全神贯注地工作着。

刘广润 图/文

↑● 陕西省西安市，西安美术学院门口。76 岁的马大妈有三个儿子，她每天都在此摆摊。这些鞋垫都是她自己一针一线绣的，卖 3 元钱一双。

姜 喆 图/文

山西省大同市阳曲县黄寨村。孩子们正在玩卡片游戏。

杨晓勇 图/文

↑● 浙江省杭州市留下镇的一条古街。傍晚时分，孩子们放学后一起玩耍。跳绳是他们娱乐方式之一。图中他们正在比赛。

留下镇位于西湖区西部，历史悠久。南宋高宗欲在此建都，曾曰：“西溪，且留下。”镇名即出自此语。

张贤侠 图/文

←● 河北省隆尧县尹村镇屯里小学。放学了，孩子们陆陆续续回家去。

许耘峰 图/文

↑ 广东省台山市台山一中大江实验中学。由于受冷空气影响，当日气温在12–17摄氏度之间，较为寒冷。学生宿舍没有热水供应系统，傍晚时分，学生们提着水桶到离宿舍约200米的热水罐前打热水，准备提回宿舍冲凉。

邓焱帅 图/文

→ 云南省昆明市盘龙区茨坝昆34中学。这天是周五，高一和高二年级的学生已经放学。在高三的教室里，王达要面对的不是家里可口的饭菜和温暖的大床，而是73天之后的6月7日……

李旭东 图/文

ELANTRA

← 北京市丰台区万年花城回迁房小区门前的洗车点。拍摄时，这些洗车的小伙子始终躲着镜头，不肯正视我。他们都很年轻，来自全国各地，为了自己的梦想打拼着。

明 水 图/文

← 北京市丰台区首都经济贸易大学东门外。这处夫妻修车摊，通常都在这个十字路口，摊位比较固定。修车摊主要由男人来经营；忙的时候，妻子也会来帮忙。虽然生活清苦，但他们脸上却经常带着笑容。

明 水 图/文

↑ 陕西省咸阳市秦都区的城中村——北安村。拆迁工地上，来自陕南商洛的农民工在清理拆迁垃圾。

张少峰 图/文

四川省成都市郫县团结镇花犁村。工地上的一个年轻的民工。

谢晓 图/文

陕西省西安市含光路。交警连哥正在维持交通。一个微笑能给路人莫大的安慰。

姜喆 图/文

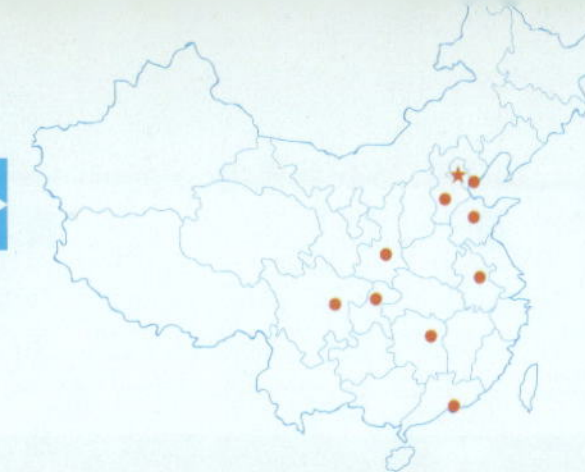

↖ 深圳宝安体育馆。这是 2011 年世界大学生运动会的比赛场馆。两名工人正用手推车运送泥土。

肖 兵 图/文

↗ 湖南省长沙市开福区长泰豪园小区。朱师傅正在给木柱子雕花。他来自长沙市望城县，有一门不错的木工手艺。我下班吃饭的时候，他还在忙。

王 建 图/文

↑● 浙江省杭州市上城区清河坊古街。一群农民工在吃晚饭。他们来自河南开封，都爱吃面条。聊天过程中，他们没有抱怨生活的艰苦，反而更多的是幸福与满足，这让我很意外，也很感动。

张贤侠 图/文

→● 陕西省西安市大雁塔。一个画家正在给一位小游客画肖像。

姜 喆 图/文

↑ 重庆市北碚区，西南大学田家炳楼前。每天傍晚七点左右，总会有很多同学到大屏幕前等着收看 CCTV 新闻联播。

付 强 图/文

↖ 山东济南。山东师范大学的自习室内，一位女生正在上自习。

季芮民 图/文

← 北京，景山公园。日落时分，摄影爱好者在此聚集，拍摄落日美景。

李 晶 图/文

为了生活
努力拼搏
LOVE

天津市营口道和南京路交叉口。来自湖南的小伙儿在路边唱歌。

黄维旻 图/文

四川成都郫县团结镇花梨村。姥姥背着外孙子逛夜市，小家伙看到我的相机停止了哭泣。

谢晓 图/文

预防为主
BOUTIQUE

←● 河北省石家庄市广安大街中心线地下商业街。

宋从敏 图/文

↙● 江西省南昌市中山路。两位带着行李的民工在一家商铺旁下象棋。

李 劲 图/文

↓● 陕西省咸阳市秦都区陈杨寨村口。来自陕西省泾阳县高渠乡的村民王国荣、王国义兄弟俩，经常在这里摆夜摊。他们的串串香香辣可口，不少村民都喜欢在这里消费。

王保卫 图/文

↑ 北京海淀区牡丹园农贸市场。晚上七点半，这个来自安徽的小女孩，还在陪妈妈卖水果。

武克奋 图/文

→ 浙江省台州市黄岩区唐元路。一家彩票销售店里，店主一家四口围在柜台前，一边吃晚饭，一边看电视。

徐海斌 图/文

● 浙江省苍南县郊区。由两男一女三个演员组成的民间草根杂耍戏班子“中原杂技歌舞艺术团”在这里演出。他们的戏班子长年走南闯北，在县城郊区和一些小乡村演出，节目以魔术、杂技等为主，经常一场演出得到的报酬还不够一顿饭钱。

虞威 图/文

清华大学经济管理学院
清华企业家讲堂
Tsinghua Eminent Entrepreneur Lectures
创业与人生：对话郭广
主讲人：郭广昌　复星集团董事长
独家网络支持：

→ 北京，地铁10号线呼家楼站。工作人员忙里偷闲，趁列车尚未进站的间隙小睡一会儿。

宋堃 图/文

↖ 河北省石家庄市，河北经贸大学韶华路。一些即将毕业的大四女生把记有详细笔记的书卖给学弟学妹们。

吴菁 图/文

← 北京，清华大学经济管理学院伟伦楼报告厅。这是清华企业家讲堂系列讲座的第一讲——创业与人生：对话郭广昌。来自校内和社会各界的听众，正在听复星集团董事长郭广昌做演讲。

孙慧 图/文

河南省开封市明伦街，河南大学东门公园广场。图中是一群舞蹈业余爱好者，每天晚饭后，她们都会聚在一起跳舞，娱乐身心，锻炼身体。

张海坡 图/文

江苏南京市夫子庙景区。这里人头攒动，一派热闹繁华的夜生活景像。

李玖霖 图/文

↑ 山东省聊城市东昌府区东青年路。小学生“托管之家”的孩子们在看电视。在这个街区里，分布着几家这样的小学生“托管之家”。孩子们放学后，会到这里吃饭，做作业，而且晚上可以在这里住宿。

冯 军 图/文

← 广西河池市工农路电信大楼旁。一个小伙子在此摆摊，他肩上挂着手电筒，正给顾客贴手机膜。

石 平 图/文

← 河北省石家庄市，河北经贸大学的女生宿舍楼前。这几个同学明天即将参加辩论赛。为了不打扰图书馆和自习室的同学，他们在路灯下准备明天比赛的辩词。

吴 菁 图/文

湖北武汉市汉阳区龟山南路。由于前方堵车，一名女公交车司机正趴在方向盘上静静待着。

李 圣 图/文

陕西省咸阳市的一个舞厅。一天的工作和忙碌后，很多人会到这里来放松身心，享受生活。

王保卫 图/文

批发办公用品

ELANTRA

↑ ● 山东济南。一个小伙子抱着玩具熊，在路边等女朋友。

季芮民 图/文

↖ ● 广西省河池市新建路。路边讨饭老人面前放着一张写着字的纸，一个小女孩在盯着看。

石 平 图/文

← ● 陕西省咸阳市玉泉路。五年级的小学生刘夏辛、薄蓉熙，是同班同学。她们把一些看过的书拿到街上卖。今晚已经卖了 6 本，收入 31 元钱。她们说，这样可以挣点零花钱帮家里减轻负担，学校老师还专门为此让写一篇作文。

王保卫 图/文

● 浙江省温州市水心菱藕社区。这个老人正在做馄饨。记得小时候妈妈让我猜过一个谜语，就是关于这种古老的馄饨担和它的哑哑声的。我依稀记得这首谜语是：一间房子一肩挑，有碗有盘有香料。一头热气腾云雾，一头冰冷哑哑敲。若有谁人猜得到，送她一碗香飘飘。

余永康 图/文

● 武汉长江大桥。一个男孩背着一个女孩走在桥上。

李 圣 图/文

● 武汉长江大桥。桥头，一个值勤的哨兵在站岗。

李圣 图/文

安徽省滁州市，滁州学院翰林食堂2楼自习室。夜已深，很多同学还在学习。

李玖霖 图/文

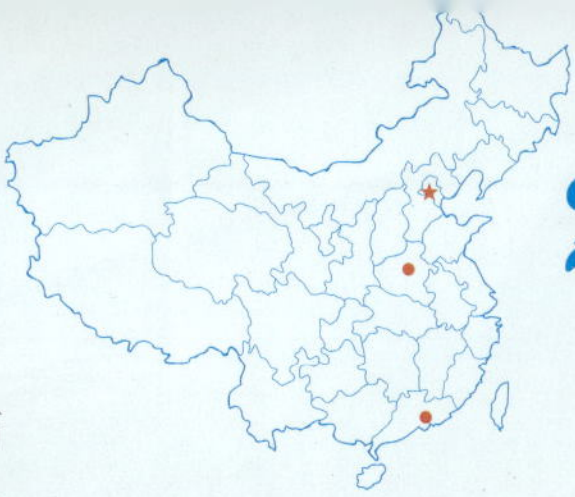

广东省东莞市常平镇。十点半了，南方的夜市还这么热闹。图中的臭豆腐摊主叫张文常，41岁，湖南人，2008年来此打工。炸臭豆腐是他从一个老乡那里学的，每份卖3元钱。他的妻子在附近工厂做普工。夫妻俩租住在附近的出租屋里，月租400元。两个孩子在老家上学，一年学费1600元。父母在家照顾孩子和庄稼地。农忙时节，张文常会和妻子一起回老家收庄稼。

王东伟 图/文

↑ 北京地铁 10 号线。看完演出回家的一对中年夫妇，正用平板播放器观看自己用摄像机给女儿拍摄的舞台演出录像。

武克奋 图/文

→ 河南省郑州市上街区锦江南路某生产厂区的车间。一名工人正在电焊。今晚，工人们会在这里工作到凌晨两点。

马胜超 图/文

● 成都市成华区踏水桥社区 21 号楼。在昏暗的灯光下，“蚁族”姑娘们下班后回到自己的廉租宿舍。她们四个人合租一个套二的小居室。

范绍林 图/文

↗● 四川省广安市武胜县乐善镇观音寨村。杨友义老人过八十大寿，孩子们请来放映队放电影，以示庆贺。

当地人把这种晚上的露天电影称为“坝坝电影”。看电影者自带凳子，或者就坐在地上。早年的坝坝电影是放胶片，一卷一卷的，现在用的是投影仪。

李远华 图/文

→● 四川省成都市成华区踏水桥社区。临近午夜，外面下着淅沥的小雨。一名女子下夜班回家。

范绍林 图/文

23:00

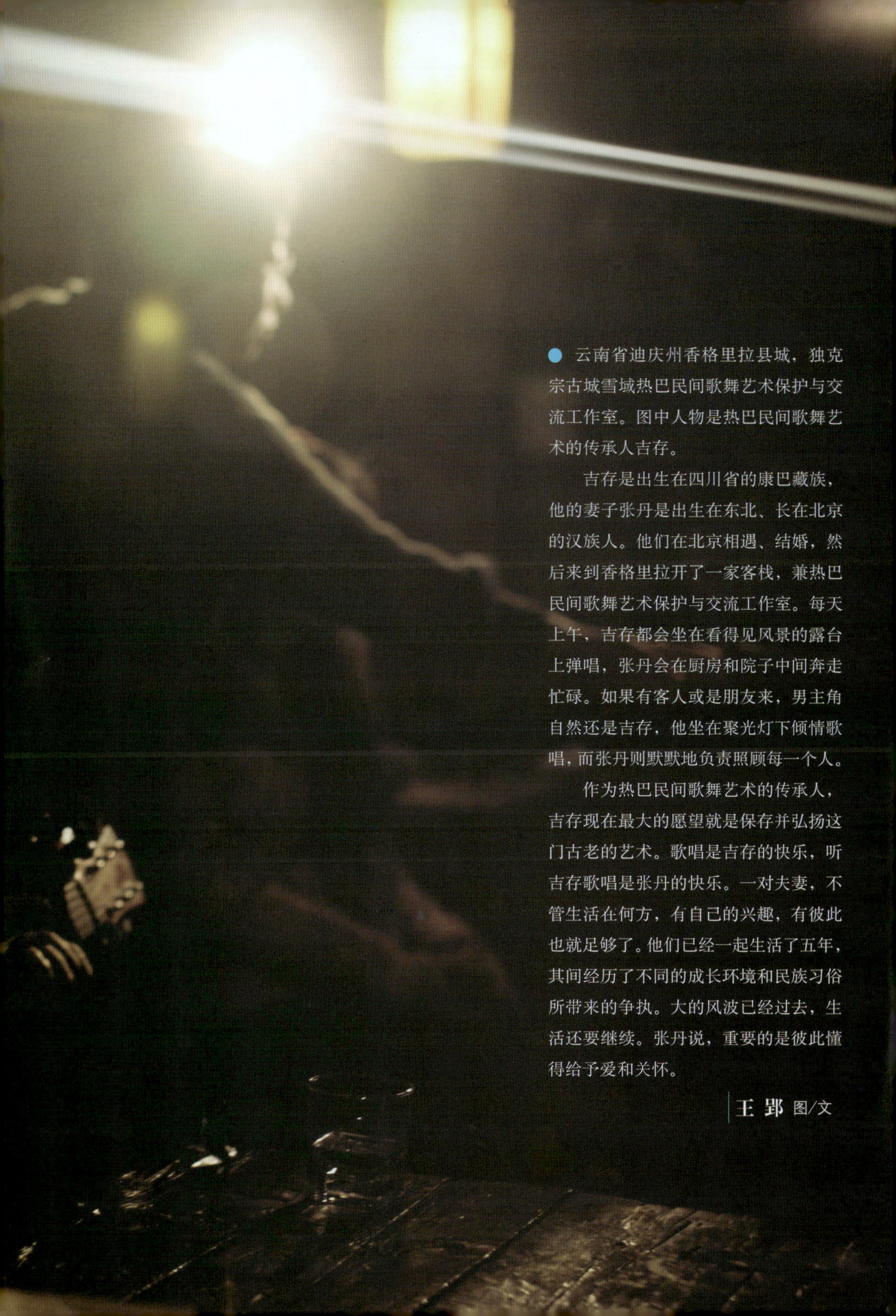

云南省迪庆州香格里拉县城，独克宗古城雪域热巴民间歌舞艺术保护与交流工作室。图中人物是热巴民间歌舞艺术的传承人吉存。

吉存是出生在四川省的康巴藏族，他的妻子张丹是出生在东北、长在北京的汉族人。他们在北京相遇、结婚，然后来到香格里拉开了一家客栈，兼热巴民间歌舞艺术保护与交流工作室。每天上午，吉存都会坐在看得见风景的露台上弹唱，张丹会在厨房和院子中间奔走忙碌。如果有客人或是朋友来，男主角自然还是吉存，他坐在聚光灯下倾情歌唱，而张丹则默默地负责照顾每一个人。

作为热巴民间歌舞艺术的传承人，吉存现在最大的愿望就是保存并弘扬这门古老的艺术。歌唱是吉存的快乐，听吉存歌唱是张丹的快乐。一对夫妻，不管生活在何方，有自己的兴趣，有彼此也就足够了。他们已经一起生活了五年，其间经历了不同的成长环境和民族习俗所带来的争执。大的风波已经过去，生活还要继续。张丹说，重要的是彼此懂得给予爱和关怀。

王郢 图/文

● 浙江省温州市大南路。一家店铺里，装修工还在加班赶活。

叶晓东 图/文

致谢

本书从创意到付梓出版，历时八个月之久。作为编者，我们需要感谢的人太多太多，限于篇幅，无法在此一一列出。但是，我们仍然要感谢“数码摄影家协会”及其群管理员在本书创意实施的初始阶段给予我们的大力支持，感谢豆瓣网众多摄影小组的支持。

我们尤其要感谢那些参与本书照片拍摄的摄影人，他们在 2011 年 3 月 25 日之前以及当天付出了艰辛的努力，有的从凌晨开始一直拍摄到午夜。没有他们的热情响应、参与和努力，就没有这本书。我们要再次向他们致谢！

感谢所有为本书付出努力的人们！